LE CARNAVAL

ET

LA FOLIE,

COMEDIE-BALLET

REPRE'SENTE'E POUR LA PRE'MIERE FOIS

PAR L'ACADEMIE ROYALE

DE MUSIQUE,

Le Jeudy vingt-septiéme jour de Décembre 1703.

A PARIS,

Chez CHRISTOPHE BALLARD, seul Imprimeur du Roy
pour la Musique, ruë S. Jean de Beauvais, au Mont-Parnasse.

M. DCC. III.

Avec Privilege de Sa Majesté.

LE PRIX EST DE TRENTE SOLS.

AVERTISSEMENT.

LE titre de cét Ouvrage n'annonce qu'une bagatelle, & peut-eſtre même, tout Opera n'eſt-il autre choſe; cependant, à ne parler que des miens, c'eſt celuy-cy que je croy le plus raiſonnable.

Eraſme, ce Sçavant ſi rare par l'agrément de ſon eſprit, m'a fourni la Scene & preſque tous les Perſonages de ma Piéce, dans ſon éloge de la Folie. Il l'a fait Fille de Plutus & de la Jeuneſſe; On ſent d'abord la vérité de cette Fable, & il ſeroit puerile de s'amuſer à la démontrer.

Il feint de plus, que la Folie habite une Iſle abondante où le Fleuve d'Oubli prend ſa ſource, ce qui eſt encore également juſte & ingénieux, car ſi la Raiſon ſe perfectionne par l'experience, l'Oubli qui la rend inutile ne doit guere abandonner la Folie. On me dira peut eſtre que le Léthé eſt connu pour un Fleuve des Enfers, & que l'imagination d'Eraſme ne m'autoriſe pas à le déplacer : Je réponds que je n'ay fait aucune violence à la Fable, & qu'en déclarant que le Léthé porte ſes eaux chez les morts, j'ay pû ſuppoſer ſa ſource ſur la terre. Les Poëtes mêmes ne l'ont pas prétendu autrement, & l'on connoiſſoit la ſource de la plûpart des fleuves qu'ils ont fait couler aux enfers.

Voilà ce que j'ay emprunté d'Eraſme; tout le reſte eſt de mon invention. J'attendray pour m'en applaudir, ou pour me la reprocher le Suffrage, ou la Cenſure du Public : On a toûjours tort de n'avoir ſçû luy plaire, puiſque c'eſt la fin qu'on ſe propoſe. Mais on me permettra en attendant, de répondre à deux Objections qu'on m'a fait prévoir.

La premiere, est que la Folie ne seroit pas assez extravagante. J'avoüe que ceux qui entendroient par folie ce dérangement de cerveau qui exclut les hommes de la Société, ne trouveroient pas leur compte au caractere de ma Déesse; mais aussi ce n'est pas là ce que j'ay dû peindre, c'est seulement l'excés des passions, le caprice, la légerreté & pour ainsi dire, la folie courante: Il faut que le plus sage s'y puisse reconnoître, du moins à quelque trait: Sans cette imitation de l'Homme, la Comedie demeure sans sel & sans agrément. Je me la suis toûjours proposée dans le cours de cét Ouvrage, & mon dessein a été que la Folie ne fit rien de raisonnable, mais qu'elle ne fit rien aussi dont on ne pût trouver des exemples dans le commerce des hommes.

La seconde Objection est que le Carnaval ne devroit pas estre amoureux. A n'entendre par le Carnaval que la saison des Festins dans quelque Pays que ce soit, il est toujours célebré par des extravagances particulieres. Il est donc tout naturel de marier le Carnaval & la Folie; mais il ne l'est pas moins pour parvenir à cette alliance, de rendre le Carnaval amoureux de cette Déesse; c'est même une passion qui le caracterise autant que ses retours fréquents à la bonne chere; outre que le Carnaval n'est guere plus la saison des Festins que le regne des Amours, & qu'il falloit le personifier avec tous ses attributs.

Ces raisons m'ont contenté jusqu'icy; mais quelque bonnes qu'elles m'ayent parües, la contradiction du Public me convaincroit bien-tôt qu'elles n'étoient qu'apparentes.

꙾꙾꙾꙾꙾꙾꙾꙾꙾꙾꙾꙾꙾꙾꙾꙾꙾꙾꙾꙾꙾꙾꙾꙾꙾꙾꙾꙾꙾꙾꙾꙾꙾

PERSONNAGES DU PROLOGUE.

JUPITER.	Monſieur Hardoüin.
VENUS.	Mademoiſelle Armand.
MOMUS.	Monſieur Dun.
MERCURE.	Monſieur Boutelou.

Les Dieux & les Déeſſes.

Noms des Actrices & des Acteurs, chantants dans tous les Chœurs du Prologue & du Ballet.

MESDEMOISELLES.

Cenet.	D'Humé.	Bataille.	Duval.
Baſſet.	Clement la cad.	Vincent.	Guillet.
Dupéray.	Loignon.	Secret.	

MESSIEURS.

Prunier.	La Coſte.	Deſvoix.	Létourneau.
Courteil.	Cadot.	Le Brun.	Bonnel.
Jolain.	Marianval.	Mantienne.	Droui.
Gaudechot.	Labé.	Lebel.	Alexandre.
Solé.		Drot.	

PERSONNAGES DANSANTS
du Prologue.

NEPTUNE, Monfieur Blondy, THETIS, Mademoifelle Dangeville.

APOLLON, Monfieur Dumirail. DIANNE, Mademoifelle Guillet.

MARS, Monfieur Ferrand. PALLAS, Mademoifelle Laferriere.

BACHUS, Monfieur Dumoulin-L. CE'RE'S, Mademoifelle Rose.

PROLOGUE.

Le Theatre repréſente les cieux,
où les Dieux ſont en feſtin.

SCENE PREMIERE.

JUPITER, VENUS, & LE CHOEUR,
en ſe faiſant ſervir le Nectar.

Qu'à noſ vœux icy tout réponde ;
Verſez-nous, verſez-nous la céleſte liqueur.
Verſez, que le Nectar enchante nôtre cœur,
Qu'il y porte une paix profonde.
VENUS ſe levant de Table.
C'en eſt aſſez ; goûtons des plaiſirs plus parfaits,
Et que le tendre Amour à ſon tour nous inſpire.

Regnez, Amour, regnez, raſſemblez vos attraits ;
Triomphez, ſur nos cœurs étendez vôtre empire.
Mais, qu'à ſon gré chacun ſoûpire ;
Laiſſez-nous le choix de vos traits.

CHOEUR.

Regnez, Amour, regnez, raſſemblez vos attraits;
Triomphez, ſur nos cœurs étendez vôtre empire.

JUPITER & VENUS.

Mais, qu'à ſon gré chacun ſoûpire;
Laiſſez-nous le choix de vos traits?

MOMUS à JUPITER.

Ne vous faites point violence:
Junon eſt encor à Samos,
Profitez bien de ſon abſence.

JUPITER.

Téméraire Cenſeur, laiſſe-nous en repos.

Que l'on chante icy, que l'on danſe,
Livrons-nous à tous nos deſirs;
Sur nôtre puiſſance
Réglons nos plaiſirs.

NEPTUNE danſe avec THETIS, APOLLON avec DIANE,
MARS avec PALLAS, & BACHUS avec CE'RE's.

VENUS.

Heureux un cœur que l'Amour bleſſe,
Ah! que ſes chaînes ont d'appas!
Mettons tous nos plaiſirs à luy céder ſans ceſſe,
Le pouvoir des Dieux ne vaut pas
Une ſi charmante foibleſſe.

MOMUS.

MOMUS.

Vous ne vous laſſez point de plaiſirs, ni d'amour ;
Quand ceſſerez-vous donc de ſuivre leur empire ?

VENUS.

Quand vous ceſſerez de médire.

MOMUS.

Ah ! vous voulez aimer toûjours.

JUPITER, & VENUS.

Que de nos chants tous les cieux retentiſſent.
Que les Jeux, que les Ris ſignalent ce beau jour.
Chantons Bachus, chantons l'Amour,
Qu'ils ſont charmants quand ils s'uniſſent !

On Danſe.

VENUS.

Dieu d'amour, reſerve-nous tes charmes,
C'eſt pour nos cœurs que tes plaiſirs ſont faits ;
Fai nous ſans allarmes
Goûter leurs attraits.
Doux Moments,
Doux Tranſports des Amants,
Ne pouvez-vous naître
Qu'aprés les tourments ?
Aimons tous,
Tendre Amour, bleſſe-nous :
Qui peut craindre pour maître
Un Vainqueur ſi doux ?
Tes biens trop aimables
Sont trop peu durables,
Fixe-les pour nous.

On Danſe.

B

CHŒUR DES DE'ESSES.

Viens Amour, avec tous tes charmes,
Que les Jeux viennent sur tes pas,
Nous aimons tes douces allarmes,
Tes chaînes, tes feux sont remplis d'appas,
Prend tes traits, prépare tes armes
Et vien te vanger des cœurs qui n'aiment pas.

VENUS danse avec MARS, & VULCAIN
se mêle avec eux pour les observer.

SCENE DEUXIE'ME.

MERCURE, & les Personnages de la Scene
précédente.

MERCURE.

Quittez, quittez ces Jeux, en faveur de l'Amour :
Que de nouveaux soins les suspendent ;
Dans un moins superbe séjour
De plus doux plaisirs vous attendent.

J'ay volé, j'ay servi vos feux,
Et mille charmantes Mortelles
N'aspirent qu'au moment heureux
De vous voir soupirer prés d'elles.

MOMUS aux DIEUX.

Suivez, suivez Mercure, abandonnez les cieux.

Livrez-vous aux plaisirs ; qu'en vain la Gloire gronde,
L'Amour est un plus digne objet.
Aimez, il est un Roy qui prend le soin du monde,
Joüissez du loisir qu'un Mortel vous a fait.

JUPITER.

De tes ris outrageants, c'est trop souffrir l'injure,
Cesse, Momus, de troubler nos desirs ;
Fuy, va chez les Mortels exercer ta censure.
Et laisse icy les Dieux maîtres de leurs plaisirs.

MOMUS.

Le Destin m'a soumis au Maître du tonnerre,
J'obeïs à ses loix, & je vous quitte tous ;
Mais j'espere bien-tôt vous revoir sur la terre,
Sous des formes dignes de vous.

LE CHOEUR DES DIEUX.

Allez, Amours, conduisez-nous ;
Sous divers changements, trompons les yeux jaloux.

Les Amours volent pour conduire les Dieux.

FIN DU PROLOGUE.

PERSONNAGES

DU BALLET.

PLUTUS, *Dieu des Richeſſes.* Monſieur Cochereau.
LA JEUNESSE.　　　Mademoiſelle Armand.
LA FOLIE, *Fille de* PLUTUS *&* de LA JEUNESSE.
　　　　　　　　　　Mademoiſelle Maupin.
LE CARNAVAL.　　　Monſieur Thevenard.
MOMUS.　　　　　　　Monſieur Dun.
Suite de PLUTUS *&* de LA JEUNESSE.
CHEF DES MATELOTS.　Monſieur Deſvoys.
Troupe de Matelots.
UN PROFESSEUR DE FOLIE. Monſieur Boutelou.
UN MUSICIEN.　　　　Monſieur Pouſſin.
UN POETE.　　　　　　Monſieur Mantienne.
Troupe de Mataſſins.
JUPITER.　　　　　　Monſieur Hardoüin.
VENUS.　　　　　　　Mademoiſelle Bataille.
BACHUS.　　　　　　　Monſieur Pouſſin.
MERCURE.　　　　　　Monſieur Boutelou.
FEMME DE'GUISE'E.　Mademoiſelle Clement-Cad.
Troupe de Peuples maſquez.

La Scene eſt dans l'Iſle de la Folie.

PERSONNAGES DANSANTS
du Ballet.

PREMIER ACTE.

SUITE DE PLUTUS.

Mademoiselle de Subligny.

Messieurs Blondy, Dumoulin-L., Ferand, & Dumirail.
Mesdemoiselles Dangeville, Rose, Noysy, & Tissard.

SUITE DE LA JEUNESSE.

La petite Rochecour.

Pierret, Gillet, la Porte, Duval, & Sallé.

DEUXIEME ACTE.

FESTE MARINE.

CHEF DE LA FESTE.
Monsieur Balon.

QUATRE ESCLAVES.
Messieurs Dumirail, Javilliers, Marcelle, & Landais.
QUATRE MATELOTS.
Messieurs Bouteville, Germain Dumoulin-C.,
& Dangeville-L.
QUATRE MATELOTES.
Mesdemoiselles Guillet, Laferiére, Tissard & Noysy.

TROISIE'ME ACTE.

MATASSINS.

Meſſieurs Fauveau, Dumirail, Dangeville-C., Javilliers, Marcelle, & Landais.

LA DANSE.

Monſieur Balon, & Mademoiſelle de Subligny.

UN FOL, Monſieur Dumoulin-C.

UNE FOLLE, Mademoiſelle Laferiére.

QUATRIE'ME ACTE.

MASQUES DE PLUSIEURS FAÇONS.

Monſieur Balon, & Mademoiſelle de Subligny.

Monſieur Germain, & Mademoiſelle Roſe.
Monſieur Bouteville, & Mademoiſelle Tiſſard.
Monſieur Dumoulin-L., & Mademoiſelle Dangeville.
Monſieur Dumoulin-C., & Mademoiſelle Provôt.
Monſieur Dangeville-L., & Mademoiſelle Bertin.
Monſieur Javilliers, & Mademoiſelle Noyſy.

QUATRE MATASSINS.

Meſſieurs Fauveau, Dangeville-C., Marcelle, & Landais.

LE CARNAVAL
ET
LA FOLIE,
COMEDIE-BALLET.

***

ACTE PREMIER.

Le Théatre repréfente un Bois fleuri, confacré
à LA JEUNESSE.

***

SCENE PREMIERE.
MOMUS.

Eſſez, Mortels; ceſſez l'honneur que vous
       nous faites,
Ne perdez plus d'encens pour nous;
Vous adorez, Inſenſez que vous eſtes,
Des Dieux encor plus inſenſez que vous.
Ils n'ont pû ſoutenir ma cenſure importune,
      Ils m'ont chaſſé de leur ſéjour;
Cherchons le Carnaval, c'eſt luy qui dés ce jour
      Peut reparer mon infortune.
Mais il paroît.

SCENE DEUXIE'ME.

MOMUS, LE CARNAVAL.

LE CARNAVAL, fans voir MOMUS.

*B*Achus, laiſſe-moy ſoupirer,
Amour, laiſſe-moy boire.

*Mon cœur entre vos mains ſe plaît à ſe livrer;
Entre vous deux partagez la victoire.
De tendreſſe & de vin je me veux enyvrer,
L'Amour fait mes plaiſirs, & Bachus fait ma gloire.*

*Bachus, laiſſe-moy ſoupirer,
Amour, laiſſe-moy boire.*

MOMUS, s'aproche du CARNAVAL.

*Tu vois l'Objet de la haine des Dieux,
Dans le Cenſeur de leur caprices;
Ils m'ont banni du ciel & le Maître des cieux
Veut joüir en paix de ſes vices.*

*C'eſt toy déſormais que je ſers,
Souffre que ſur tes pas pour jamais je m'engage;
Et que du Nectar que je perds,
Ton vin charmant me dédommage.*

LE

LE CARNAVAL.

Que mes biens déformais foient communs entre nous,
Qu'à jamais l'amitié nous lie,
Pour commencer des nœuds fi doux.
Ecoûte, c'est à toy que mon cœur fe confie.

Tu vois ce féjour enchanté,
Le repos regne fur ces rives.
L'Abondance y nourrit la molle volupté,
Du rocher que tu vois le paifible Léthé
Répand jufqu'aux enfers fes ondes fugitives;
Plutus & la Jeuneffe en ce charmant féjour
Goûtent un fort exempt de peines:
Dés long-temps le fidele Amour
Les a liez de fes plus douces chaînes,
Et l'aimable Folie en a reçû le jour.

MOMUS.

Quoy! quel fecret enfin va fuivre cette Image?

LE CARNAVAL.

Cher Momus, la Folie eft l'Objet qui m'engage.

MOMUS en riant.

Que vôtre choix eft beau! que vos liens font doux!
Vous ne pouviez trouver de Maîtreffe plus belle:
Elle feule eft digne de vous,
Et vous feule eftes digne d'elle.

LE CARNAVAL.

Tel se mocque de mes ardeurs,
Qui suit ses loix sans la connoître ;
Par des charmes secrets elle enchante les cœurs,
Et j'ay mille rivaux qui ne pensent pas l'estre.

MOMUS.

Malgré tous vos rivaux l'Amour doit réunir
Deux cœurs où le Destin mit tant de ressemblance ;
Trop digne de la préference,
Vous estes sûr de l'obtenir.

LE CARNAVAL.

Momus, je suis aimé de l'Objet qui me blesse,
Et l'Himen va bien-tôt par ses aimables nœuds,
Achever de me rendre heureux,
Si j'y fais consentir Plutus & la Jeunesse.

On entend une Symphonie.

Mais ils viennent au bruit de ces concerts charmants,
Le temps n'affoiblit point leur flamme :
Il semble que l'Amour lance à tous les moments,
Quelque trait nouveau dans leur ame.

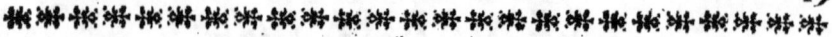

SCENE TROISIE'ME.

PLUTUS & LA JEUNESSE, MOMUS, LE CARNAVAL,
Suite de PLUTUS & de LA JEUNESSE.

PLUTUS & LA JEUNESSE.

Vous m'aimez, je vous aime,
Que nôtre sort est doux!

PLUTUS.

Pour vous ma constance est extrême.

LA JEUNESSE.

Je n'aimeray jamais que vous.

PLUTUS & LA JEUNESSE.

Vous m'aimez, je vous aime,
Que nôtre sort est doux!
Non, non, l'Amour luy-même,
Ne peut aimer plus tendrement que nous.

PLUTUS.

Jeunesse brillante,
Tous les plaisirs suivent vos pas;
Sans vous rien ne contente,
Vous donnez à tout mille appas,
Il n'est point dans les cieux de Déesses si belles.
Le charme de la nouveauté
Accompagne toûjours vos graces immortelles;
Vous estes la seule beauté,
Qui peut faire des cœurs fideles.

C ij

LA JEUNESSE.

Aimable Dieu de qui la main dispense
Ce qui rend les mortels heureux,
Vôtre vaste puissance
Réunit pour vous tous les vœux :
En vous cherchant la peine devient chere,
On se fait de vous voir le plus charmant plaisir ;
Le bonheur même de vous plaire
En irrite encor le desir.

PLUTUS & LA JEUNESSE.

Amour, de nôtre flamme accroy la violence,
Vole, vien resserrer nos nœuds ;
Pour le prix de nôtre constance,
Nous ne voulons qu'estre plus amoureux.

PLUTUS.

Que tout vous parle icy de l'ardeur qui m'enchante,
Déesse, voyez en ces lieux
S'élever à ma voix puissante,
Un Palais digne de vos yeux.

Le Théatre change, & représente le palais de PLUTUS.

PLUTUS.

Vous, qui suivez mes pas, servez l'amour extréme
Où mon cœur s'est abandonné ;
Venez offrir à ce que j'aime
Tout ce que le Sort m'a donné.

Les Suivants de PLUTUS viennent offrir de riches présents
à LA JEUNESSE. Ils luy rendent leurs hommages,
& la Suite de LA JEUNESSE se mêle avec eux.

SCENE QUATRIE'ME.

LA FOLIE, & les Acteurs de la Scene
précédente.

LA FOLIE.

CEſſez, Jeux indiſcrets, où manquoit la Folie ;
    Qu'icy tout ſe taiſe à ma voix.
Je ne veux point ſouffrir de Feſte où l'on m'oublie,
Et l'on ne doit icy rire que ſous mes loix.

PLUTUS & LA JEUNESSE.

Quoy ! vous oſez....

LA FOLIE.

    En vain ce diſcours vous offence.

Je doy la vie à vôtre amour,
Mais ne me comptez pas ſous vôtre obeïſſance :
    L'honneur de m'avoir miſe au jour,
    Vous paye aſſez de ma naiſſance.

Abandonnez cettë Iſle, ou m'y laiſſez regner.

PLUTUS & LA JEUNESSE.

Enfin, il faut céder à vôtre violence ;
Puiſque de vous guérir nous perdons l'eſperance,
    La Raiſon doit nous éloigner.

LA FOLIE.
Demeurez, il fuffit de vôtre obeïffance.

Rappellons les plaifirs que j'avois écartez,
 Que tout à m'obeïr s'apprête;
Ne craignez rien; loin de troubler la Fefte,
Je veux vous attendrir par mes chants; écoûtez.

 Que vôtre regne recommence;
Revenez, doux Plaifirs, Plaifirs revenez tous;
 Mais revenez encor plus doux,
Vous languiffiez fans moy, brillez par ma préfence.
On Danfe.

LA FOLIE, LE CARNAVAL & LE CHOEUR.
Chantons, du Dieu de l'Or célébrons les appas,
 Chantons la Jeuneffe & fes charmes.
Une partie du CHOEUR.
Tous les cœurs luy rendent les armes.
L'autre Partie.
Tous les cœurs volent fur fes pas.
Les Premiers.
Pour meriter fon fecours favorable,
On brave la fureur & des Vents & des Mers.
Les Seconds.
Elle feule embellit les plus affreux deferts,
Et fans elle il n'eft point de séjour agréable.
TOUS LES CHOEURS.
 Non, non, tout l'univers
 N'a rien de plus aimable.
On Danfe.

LA FOLIE.

Souffrez que l'Amour vous lie,
Jeunes Cœurs cédez à ses feux :
Sans l'Amour & la Folie,
Il n'est point de moments heureux.

L'Amour m'a prêté ses armes,
C'est à moy de lancer ses traits ;
Ne craignez point ses allarmes,
J'y répands les plus doux attraits.
Souffrez que l'Amour vous lie,
Jeunes Cœurs cédez à ses feux :
Sans l'Amour & la Folie,
Il n'est point de moments heureux.

Suivez une erreur charmante,
Jouissez d'un bonheur constant ;
La tendre Folie enchante,
La Sagesse en fait-elle autant !
Souffrez que l'Amour vous lie,
Jeunes Cœurs cédez à ses feux :
Sans l'Amour & la Folie,
Il n'est point de moments heureux.

CHOEUR.

Au Dieu d'Amour livrez vôtre ame,
Le plaisir naît de ses ardeurs,
Qu'il triomphe ; qu'il vous enflâme,
Qu'il enchaîne à jamais vos cœurs.

LE CARNAVAL à PLUTUS & à LA JEUNESSE.

Vous voyez la Déesse à qui je rends les armes,
Dieux charmants, de ma flâme accordez-moy le prix.

    Elle est la Déesse des ris
Et je suis l'Ennemi des chagrins & des larmes ;
Si par un doux himen nos destins sont unis,
    Que vos Neveux auront de charmes !

PLUTUS & LA JEUNESSE.

Tout flatte vos desirs, nous approuvons vos feux.

LA FOLIE s'en va avec un signe de mocquerie.

LE CARNAVAL.

Belle Déesse,... O Ciel ! elle a quitté ces lieux !
    De vôtre aveu sa pudeur s'est blessée,
Elle a fuy des discours qui l'ont embarrassée ;
Allons faire éclatter mes transports à ses yeux.

CHOEUR.

    Au Dieu d'Amour livrez vôtre ame
    Le plaisir naist de ses ardeurs,
    Qu'il triomphe, qu'il vous enflâme,
    Qu'il enchaîne à jamais vos cœurs.

Fin du premier Acte.

ACTE

ACTE SECOND.

Le Théatre représente une Campagne fertile. On voit sur le devant d'un des côtez du Théatre le fleuve Léthé endormi sur son Urne, & au fonds la Mer.

SCENE PREMIERE.

LE CARNAVAL.

Sous les loix de l'Himen je me range sans
    peine,
Mon cœur y trouve des appas;
Dieu du vin, n'en murmure pas,
Tu dois t'applaudir de ma chaîne.

Les doux plaisirs qu'il prépare pour moy
Mettront le comble à ta victoire;
Les fruits de mon himen ne naîtront que pour toy,
    Bachus, je les voüe à ta gloire.

D

SCENE DEUXIE'ME.

LE CARNAVAL, & LA FOLIE.

LE CARNAVAL.

ENfin la Beauté que j'adore,
Va s'unir avec moy par les nœuds les plus doux :
L'Himen va soulager le feu qui nous devore ;
Que nous ferons d'heureux époux !

LA FOLIE.

Nous ne le sommes pas encore.

LE CARNAVAL.

Plutus & la Jeuneſſe approuvent mon ardeur,
Quel autre peut encor me nuire ?

LA FOLIE.

Moy.

LE CARNAVAL.

Vous ?

LA FOLIE.

J'allois ſans eux faire vôtre bonheur ;
Leur aveu vient de le détruire.

LE CARNAVAL.

Vous voulez rire ?

LA FOLIE.

Non, non, apprenez une fois
A connoître mieux la Folie,
Je ne suis point soûmise aux loix
De ceux qui m'ont donné la vie,
Le contraire de leur envie,
Détermine toûjours mon choix.

LE CARNAVAL.

Quoy ! malgré les plaifirs où l'Himen nous convie...

LA FOLIE.

Cet himen, ces plaifirs ne font plus de faifon.

LE CARNAVAL.

Vous changeriez, Perfide ! & par quelle injuftice!..

LA FOLIE.

Je vous aimois fans raifon,
Et je change par caprice.

LE CARNAVAL.

Ciel, me referviez-vous à ce cruel fupplice!

LA FOLIE.

J'entends vôtre cœur foûpirer
De l'excés de vôtre martire :
Goûtez, fi vous voulez, le plaifir d'en pleurer,
Mais laiffez-moy celuy d'en rire.

LE CARNAVAL.

Non, non, n'efperez pas joüir de mes douleurs.

LA FOLIE.

Ne cachez point les allarmes
Que vous caufent mes rigueurs :
Verfez du moins quelques pleurs,
Pour la gloire de mes charmes.

LE CARNAVAL.

Non, non, n'efperez pas joüir de mes douleurs.

Je dégage mon cœur & je vous rends le vôtre,
Ce n'eft plus qu'au dépit que je me veux livrer ;
Amour, ceffe de m'affûrer
Que nous étions faits l'un pour l'autre,
Ce n'eft plus qu'au dépit que je me veux livrer.

LA FOLIE.

Vous pouvez éprouver le charme
Des ondes dont ce fleuve arrofe ces côteaux :
Ne croyez pas que vôtre oubli m'allarme,
Ma beauté me promet mille efclaves nouveaux.

LE CARNAVAL.

Vous ferez contente, Inhumaine,
J'éteindray tous les feux dont mon cœur eft rempli ;
Indigne d'amour & de haine,
Vous ne méritez que l'oubli.

Fuyons, fouffrons enfin que la raifon me guide,
Je vais loin de vos yeux brifer d'indignes fers :
Je vais entre nous deux, Perfide,
Mettre tout l'efpace des Mers.

Allons....

LA FOLIE.

Ah! n'ayons pas l'affront que l'on me quitte,

Neptune, tu me dois l'hommage des Mortels;
C'est moy qui par leurs mains ay dreßé tes Autels,
Refuse ton onde à sa fuite.

La Mer se souleve & les vents grondent.

LA FOLIE.

Vous voyez mon pouvoir; tous les vents furieux
Ont troublé le repos de l'onde,
La terre tremble, le ciel gronde,
Les flots s'élevent jusqu'aux cieux.

CHOEUR de gens qui font naufrage.

Ciel! ô Ciel!

LA FOLIE & LE LE'THE'.

Quels malheureux perißent?

CHOEUR.

Mille abîmes profonds s'offrent à nos regards;
Les ondes & la mort entrent de toutes parts:
Dieux! ô Dieux! que nos cris, que nos vœux vous
  fléchißent!

Une troupe de Matelots descendent d'un Vaißeau
échoüé.

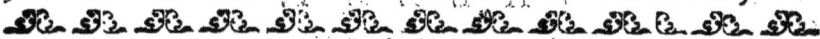

SCENE TROISIE'ME.

LA FOLIE, LE CARNAVAL, LE LE'THE', LE CHEF DES MATELOTS, & LES CHOEURS.

LA FOLIE au CARNAVAL.

CE sont mes favoris que vous voyez venir,
L'orage sur ces bords les contraint de descendre :
Ne vous éloignez pas, ils pourront vous apprendre,
À perdre un triste souvenir.

LE CHEF DES MATELOTS.

Nos Compagnons victimes de l'orage,
Ont soufferts à nos yeux un trépas plein d'horreurs ;
Privez au fonds des eaux des funébres honneurs,
Leurs manes vont errer sur le fatal rivage,
Ne nous exposons plus à de pareils malheurs.

CHOEUR.

Que les vents loin de nous exercent leur ravage,
Evitons à jamais les écüeils & l'orage.

LE LE'THE'.

O vous que le Sort livre à des maux déplorables !
Venez chercher icy la fin de vos malheurs :
Avec mes ondes favorables,
J'en répands l'oubli dans les cœurs.

CHOEUR.

De ce Dieu secourable éprouvons les faveurs.

Les Matelots vont boire des eaux du fleuve pendant
son Recit.

LE LE'THE'.

Je calme en un inftant les chagrins les plus fombres,
En vain le doux Nectar fait le bonheur des Dieux :
Il eft encore moins precieux,
Que ces paifibles eaux qui coulent pour les Ombres.

LE CHEF DES MATELOTS avec LE CHOEUR.

Embarquons-nous, tout rit à nos defirs,
Le vent propice nous feconde :
La Fortune & tous les plaifirs,
Nous attendent au bout du monde.

LA FOLIE.

Arrêtez, Ingrats, arrêtez ;
Et du moins en partant rendez-moy vôtre hommage,
C'eft moy qui vous trace l'image,
Des biens & des plaifirs que vous vous promettez,
Et vôtre efpoir eft mon ouvrage :
Arrêtez, Ingrats, arrêtez,
Et du moins en partant rendez-moy vôtre hommage.

Les Matelots luy rendent leur hommage. Elle les
touche de fa Marotte, ce qui leur donne
une nouvelle ardeur.

LA FOLIE.

L'Orage en amour préfage un doux fort,
Le plus cher des plaifirs nous attend au port.

Un beau jour s'apprête,
Tout fert nos defirs,
Voyez la tempefte
Céder aux Zephirs.

L'orage en amour préfage un doux fort,
Le plus cher des plaifirs nous attend au port.

Paffez au rivage
L'hiver de vos ans,
Craignez moins l'orage
Dans vôtre printemps ;
Voguez en paix & bravez la rage
Des flots & des vents.

L'orage en amour préfage un doux fort,
Le plus cher des plaifirs nous attend au port.

On Danfe.
LA FOLIE.

Jeuneffe trop timide
Venez vous embarquer,
L'Amour eft vôtre guide
Rien ne peut vous manquer :
Voguez, malgré l'orage,
Au gré de vos defirs ;
Laiffez fur le rivage
Les foins & les foûpirs,
Et mettez du voyage,
Les jeux & les plaifirs.

Les Danfes continuent.

LA FOLIE & LE CHOEUR.

Vents qui ne troublez point les flots,
Regnez sur les humides plaines :
Fuyez, Vents orageux, laissez l'onde en repos,
Eole, ressere leurs chaînes.

Les Matelots se rembarquent.

SCENE QUATRIE'ME.

LE CARNAVAL & LA FOLIE.

LE CARNAVAL.

LA raison contre vous n'a que de foibles armes,
Je ne puis vaincre mon ardeur ;
Les efforts que je fais pour oublier vos charmes,
Les gravent encor mieux dans le fonds de mon cœur :

Il est temps qu'à mes feux vôtre caprice céde,
Commencez mes plaisirs, & terminez mes maux.

LA FOLIE.

Je vous laisse avec le remede,
Vos yeux vous ont appris le pouvoir de ces eaux.

E

SCENE CINQUIE'ME.

LE CARNAVAL.

OUy, Perfide, il eſt temps que mon dépit éclate,
Puiſons icy l'oubli de mes folles amours ;
   Mais non, pour oublier l'Ingratte
   Le vin eſt le plus ſûr ſecours.

   Etein mes feux, briſe ma chaîne ;
   Dieu du vin, guéri ma langueur :
Verſe, verſe à longs-traits ta charmante liqueur ;
   Et pour me vanger de ma peine,
   Vien noyer l'Amour dans mon cœur.

Je vais chercher Momus, je veux qu'à taſſe pleine,
Il m'ayde à triompher de mon indigne ardeur ;
Bachus, rends aujourd'huy ma victoire certaine,
Verſe, verſe à longs-traits ta charmante liqueur ;
   Et pour me vanger de ma peine,
   Vien noyer l'Amour dans mon cœur.

Fin du deuxiéme Acte.

ACTE TROISIE'ME.

Le Théatre repréfente le Palais de LA FOLIE.

SCENE PREMIERE.

MOMUS.

De nouveaux tranfports mon ami s'aban-
donne,
La table & mes confeils n'ont pû l'en
garantir,
Pour fervir fon amour il m'en a fait fortir :
Du moins dans l'employ qu'il me donne,
Cherchons dequoy m'en divertir.

Mais la Déeffe vient.

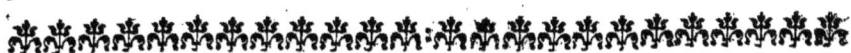

SCENE DEUXIE'ME.

MOMUS & LA FOLIE.

MOMUS.

CRuelle, à quel tourment
Avez-vous livré vôtre Amant !

Ce n'est plus cet aimable Maître
Qui sçavoit nous instruire à noyer nos chagrins;
Au milieu même des Festins,
Il sent son desespoir s'accroître ;
Le verre luy tombe des mains,
L'univers va le m'éconnoître.

LA FOLIE.

Quoy! Momus,

MOMUS.

Vôtre trahison
La mis dans un trouble effroyable.

LA FOLIE.

Ah! s'il en perdoit la raison,
Que je le trouverois aimable.

MOMUS.

Si pour vous sa folie est un charme si doux,
Il est depuis long-temps digne de vôtre flâme ;
Le jour qu'il soûpira pour vous,
La raison sortit de son ame.

LA FOLIE.

Ceſſez donc de plaindre des feux
Qui l'ont débaraſſé d'une raiſon cruelle,
N'eſt-il pas encor trop heureux,
D'eſtre délivré d'elle?

MOMUS.

Inſultez-vous encor à ſon trouble amoureux ?

LA FOLIE.

La raiſon pour un cœur n'eſt qu'un bien rigoureux,
Et ſa perte eſt un avantage ;
Vous même, ſeriez-vous heureux,
Si vous eſtiez plus ſage ?

MOMUS.

Quittons des détours ſuperflus,
C'eſt aſſez éprouver vôtre ame :
Si vous m'aviez parû trop ſenſible à ſa flâme,
Je vous aurois caché qu'il ne vous aime plus.

LA FOLIE.

Quoy !...

MOMUS.

De ſon cœur l'Amour n'eſt plus le maître,
Ces eaux que vous même....

LA FOLIE.

Ah ! le Traître !

MOMUS.

Elles ont fini son tourment.

LA FOLIE.

Juste Ciel! puis-je croire un si grand changement?

MOMUS.

L'oubli succéde aux feux que vous aviez fait naître;

Affranchis désormais d'amour & de chagrin,
Nous pourrons du soir au matin,
Boire à longs-traits, chanter & rire:
Belles, le verre en main nous braverons vos coups,
Et nous ne songerons à vous,
Que pour le plaisir d'en médire.

LA FOLIE.

C'en est donc fait, tu n'es plus sous ma loy;
Ingrat, tous tes serments sont autant de parjures;
Si j'avois outragé ta foy
Qui t'empêchoit, Cruel, d'éclater en murmures,
Il falloit m'accabler d'injures,
C'auroit été du moins te souvenir de moy.

Je ne me connois plus dans ma douleur profonde;
Que tout sente avec moy mes déplaisirs cruels,
Abandonnons le soin du monde,
A la triste raison livrons tous les Mortels.
Déchirons, déchirons le Voile salutaire,
Qu'au devant de leurs yeux je déployois toûjours;
Et que privez de mon secours,
Ils sentent, comme moy l'excés de leur misere.

Elle jette sa Marotte

Vous, allez, Sceptre vain, dont j'impose mes loix,
Vous n'estes plus pour moy qu'un inutile poids ;
Que sert tout cet éclat, que sert mon rang suprême,
Quand l'Ingrat que j'aimois m'ose sacrifier ?
    Ah ! puisqu'il a pû m'oublier,
    Je voudrois m'oublier moy-même !

Elle se laisse tomber.

MOMUS.

La joye & la douleur, tout en elle est extrême,
    Prenant la Marotte de LA FOLIE.
    Cet ornement peut servir mes desirs ;
Mais j'ay pitié du trouble où son ame se livre,
    Vous, qu'elle a choisis pour la suivre,
Venez, & dans son cœur rappellez les plaisirs.

SCENE TROISIE'ME.

MOMUS, LA FOLIE. Suite de LA FOLIE.

CHOEUR des Suivantes de LA FOLIE.

CRaignez, de vous faire
Un triste destin,
Si vous voulez plaire
Chassez le chagrin :
Dés que l'on s'y livre
On perd ses appas,
Eh, qui voudroit suivre
Désormais vos pas ?
Est-il doux de vivre,
Quand on ne plaît pas ?

LA FOLIE se rélevant.

Quoy ! je verrois mes appas s'effacer !
Non, non, à ma douleur j'aime mieux renoncer.

Qu'avec moy le Plaisir tienne icy son empire,
Que tout le ressente & l'inspire.

Vous, mes chers Compagnons, paroissez, venez tous.

Un Rideau s'ouvre au fonds du Théatre, & laisse voir un Salon rempli de Musiciens, ausquels un Maître de Musique bat la Mesure ; Il paroît en même temps un Professeur de Folie, suivy de plusieurs Ecoliers.

LA

LA FOLIE & LE CHOEUR.

Qu'en ces lieux chacun chante;
Que l'Echo chante avec nous.
Tout nous rit, tout nous enchante;
Goûtons les biens les plus doux.

Heureux un cœur qui s'oublie,
Devenons encor plus fous;
De nôtre aimable folie,
Rendons les sages jaloux.

LE PROFESSEUR DE FOLIE.

Son Professor di pazzia,
Volate, Scholari,
Sarete Dottori
Nell'arte d'allegria.

CHOEUR *de la Suite de* LA FOLIE.

Volate, Scholari,
Sarete Dottori,
Nell'arte d'allegria.

LE PROFESSEUR *donnant un papier de Musique à un Musicien.*

Cantate, cantate.

Il chante avec l'Ecolier.

Amorosi sospiri
Son, il canto di cuori.

F

LE PROFESSEUR

E la prima, lettione.

La secunda ballate.

Un Danseur & une Danseuse dansent autour de luy.

LE PROFESSEUR à un POETE.

La terza, rimate.

LE POETE *se frotant le front & se rongeant les ongles.*

L'ardore...
D'Amore....

LE PROFESSEUR.

Bene, bene;

LE POETE.

L'ardore,
D'Amore....
E goia d'el cuore.

LE PROFESSEUR.

Bene, bene, bene.
à Tous.
Cantate, ballate, rimate,
E d'ella pazzia la perfettione.

CHOEUR.

Cantate, ballate, rimate.
E d'ella pazzia la perfettione.

LE MUSICIEN & LE CHOEUR.

Amour, fay-nous reſſentir tes feux,
Triomphe, triomphe, vien nous rendre heureux.

Que tes faveurs ſoient pour les plus foux.
Fuyez, Sageſſe,
Fuyez Vieilleſſe,
Nos tendres plaiſirs ne ſont pas faits pour vous.

Amour, fay-nous reſſentir tes feux,
Triomphe, triomphe, vien nous rendre heureux.

Puni les Cruelles
Et les Inconſtants;
Attendri les Belles,
Fixe les Amants;
Qu'ils ſoient tous fidelles,
Qu'ils ſoient tous contents.

LA FOLIE en menant le Branle.

Venez poursuivre ailleurs cette réjoüiſſance,
Le changement de lieux plaiſt à mon inconſtance.

SCENE QUATRIE'ME.

MOMUS.

IL faut qu'avec cet ornement,
J'aye encor le plaifir de tromper fon Amant.

SCENE CINQUIE'ME.

MOMUS, & LE CARNAVAL.

LE CARNAVAL.

QU'apprendray-je, Momus, de l'Objet de mes
vœux ?

MOMUS.

Je viens d'en triompher fans peine,
L'Amour a dans fon cœur fait rénaître fes feux ;
Et pour éternifer fa chaîne,
Elle veut que l'Himen y joigne encor fes nœuds.

LE CARNAVAL.

Ah Momus ! cher Momus, que tu me rends heureux !

MOMUS.

Du nouvel amour qui l'engage
Elle suivra toûjours la loy:
Son cœur déformais moins volage,
M'a juré de n'aimer que moy.

LE CARNAVAL.

Que vous?

MOMUS luy montrant la Marotte.

Reconnoissez ce gage de sa foy.

LE CARNAVAL.

O Ciel!

MOMUS.

Epargnez-vous une plainte frivole
Que le Dieu du vin vous confole,
Du cœur d'une Ingratte beauté.
Que pour ce Dieu charmant vôtre ardeur se réveille,
Venez, courez au vin que vous avez quitté;
Vous trouverez au fonds de la bouteille,
Le repos & la liberté.

Il fort.

LE CARNAVAL.

Le suivray-je.... Mais quoy! laisser une volage
S'applaudir en repos de m'oser outrager?
Non, il faut la punir, c'est mériter l'outrage,
Que de n'oser pas s'en vanger.

Toy, sombre & triste Hyver, Divinité puissante,
Si jamais sur tes pas j'ay conduy les plaisirs ;
  Si par mes soins ton regne enchante,
Plus que le regne heureux de Flore & des Zephirs :
Reconnoy mes faveurs au gré de mes desirs,
  Rends aujourd'huy ma vangeance éclatante.

  Volez, volez rapides Aquilons,
Faites sur ce Palais les effets de la foudre ;
  Qu'il se brise, qu'il tombe en poudre,
Elevez en ces lieux d'horribles tourbillons.

Que cette Isle devienne un séjour effroyable,
  Faites-y déborder les flots !
Qu'elle soit à jamais l'image épouvantable,
  De l'horreur du premier cahos !

  Les Vents brisent le Palais.

Fin du troisiéme Acte.

ACTE QUATRIEME.

Le Théatre repréfente les Jardins de PLUTUS
& de LA JEUNESSE, défolez par les Vents.

SCENE PREMIERE.

LA FOLIE.

MON Amant dans mes fers eft toûjours
  arrêté,
Au trouble de ces lieux je voy trop qu'il
  m'adore :
Malgré le fecours du Léthé,
Puifqu'il fe vange, il m'aime encore.

Quel triomphe pour mes attraits !
Ah que fa vangeance m'enchante !
L'Air mugiffant, l'Onde grondante,
Les Arbres arrachez dans le fein des Forefts ;
Les Rochers renverfez, & la terre tremblante,
  Ah ! que ce fpectacle m'enchante !
  Quel triomphe pour mes attraits !

SCENE DEUXIE'ME.

LE CARNAVAL & LA FOLIE.

LA FOLIE.

LA guerre qu'en ces lieux les Vents ont déclarée,
Est donc l'effet de vos transports ;
En croirons-nous l'impetueux Borée ?
Il jure qu'il vous sert en ravageant ces bords,

LE CARNAVAL.

N'en doutez point ; il vange un amour qu'on outrage.

LA FOLIE.

Quoy ? vous m'aimez encore !

LE CARNAVAL.

     Eh ! puis-je vous haïr ?
Vainement je m'excite à la haine, à la rage,
Ce cœur, ce lâche cœur ne sçauroit m'obéïr.

Bachus me fuit & Comus m'abandonne,
Silene rit de mes vœux superflus ;
Moy même je m'oublie & ne m'enyvre plus,
Que d'un amour qui m'empoisonne.

LA FOLIE.

Que ces transports charment mes yeux !

           LE

LE CARNAVAL.

Faut-il ne les sentir que pour une infidelle !
Perfide, reconnoy les lieux
Où tu m'avois promis une ardeur éternelle.

LA FOLIE s'assoit & s'assoupit au Recit suivant.

Tu vois dans ces Jardins cette eau suivre son cours,
Nos soûpirs s'y mêloient au murmure de l'onde.
Regarde ces sombres détours,
Nos amours y croissoient dans une paix profonde.
Ces Arbres, ces Rochers sont témoins de ta foy ;
Dans ce lieu même où mon amour te blesse,
Mille fois les Echos m'ont redit aprés toy,
Je jure de t'aimer sans cesse.

LA FOLIE.

Plaignez, toûjours ainsi la rigueur de vos maux.
Non, le sommeil n'a point de si puissants pavots,
C'est vainement que mes yeux s'en défendent ;
Les Vents m'ont ôté le repos,
Vos tendres plaintes me le rendent.

LE CARNAVAL.

Ciel ! quel est donc pour moy ce mépris obstiné ?
Vous ajoûtez encor l'outrage à vos parjures.

LA FOLIE.

Pourquoy m'éveillez-vous, contraignez vos murmures,
Respectez le repos que vous m'avez donné.

G

LE CARNAVAL.

C'en est trop, Déesse inhumaine,
Craignez le desespoir où vous m'avez jetté,
De mille affreux transports mon cœur est agité,
Et la Rage y confond & l'Amour & la Haine.

LA FOLIE se relevant.

Est-ce donc là l'effet qu'à produit le Léthé?

Ses eaux n'ont pas éteint l'ardeur qui vous possede;
Mes traits de vôtre cœur ne sont pas effacez,
L'eau vous est un facheux remede,
Vous n'en aurez pas pris assez.

LE CARNAVAL.

Ah! chaque mot accroît le courroux qui m'entraîne!

LA FOLIE.

Il faut aux Amants plus d'un jour,
Pour briser une aimable chaîne:
Et l'oubli ne prend pas sans peine,
La place d'un premier amour.

LE CARNAVAL.

Perfide, vous avez éprouvé le contraire.
En moins d'un jour vos feux se sont éteints,
Momus paroît.
Et voilà désormais le Dieu qui sçait vous plaire.

LA FOLIE.

Ciel! qui peut avoir mis mon Sceptre dans ses mains!

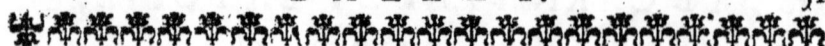

SCENE TROISIE'ME.

LA FOLIE, LE CARNAVAL, & MOMUS.

LA FOLIE reprend fa Marotte.

Quittez cet ornement que je tiens des Deftins,
Et par qui tout fe range à mon obeiffance ;
Quoy ! vouliez-vous fur les Humains,
Ufurper ma puiffance ?

LE CARNAVAL.

Eh ! n'eft-ce pas de vous que Momus en ce jour,
A reçû ce gage d'amour ?

MOMUS.

Je vous ay trompé l'un & l'autre,
Mais c'eft affez joüir de fon trouble & du vôtre.

Nous n'avons plus de regrets à former,
Et chacun a fuivi le penchant qui l'infpire :
Le vôtre étoit de vous aimer,
Le mien étoit d'en rire.

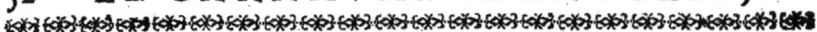

SCENE QUATRIE'ME.
PLUTUS, LA JEUNESSE, LE CARNAVAL, LA FOLIE, & MOMUS.

PLUTUS & LA JEUNESSE.

AH! Cruel, fuyez de ces lieux,
N'estes-vous pas content de cet affreux ravage?
Fuyez, n'offrez plus à nos yeux,
Un Ennemy qui nous outrage.

LE CARNAVAL.

Ah! pardonnez l'effet d'un transport amoureux.

PLUTUS & LA JEUNESSE.

Non, non, perdez toute esperance,
Allez porter ailleurs vôtre rage & vos vœux:
Nous ne voudrons jamais après ce trouble affreux,
D'une si funeste alliance.

LA FOLIE.

Vous ne le voulez plus?

PLUTUS & LA JEUNESSE.

Non,

LA FOLIE.

Et moy je le veux.

Pour couronner sa flâme
Et trouver nos liens charmants,
Voilà les sentiments
Où j'attendois vôtre ame.

On entend une Symphonie & JUPITER descend sur des
nuages avec VENUS, BACHUS & MERCURE.

PLUTUS & LA JEUNESSE.

*Mais, quels nouveaux concerts & quels brillants
    nuages,*
Les Dieux de leur preſence honorent ces rivages.

SCENE CINQUIE'ME.

JUPITER, VENUS, BACHUS, MERCURE,
& les Acteurs de la Scene précédente.

JUPITER à PLUTUS & à LA JEUNESSE.

NE combattez plus leurs deſirs,
Le Sort veut que l'Hymen & l'Amour les uniſſent;
Et qu'à ce nœud charmant, par de nouveaux plaiſirs,
    Le ciel & la terre applaudiſſent.

Que ce Jardin ſe change en un palais pompeux;
        Qu'un trône s'éleve pour eux,
Qu'ils y goûtent en paix une douce victoire.

Le Théatre repréſente le Palais du CARNAVAL.

VENUS.
Volez Amours, volez aimables Jeux,
Venez combler nos plaiſirs & leur gloire.
JUPITER & VENUS.
Vous, Mortels, accourez; tout icy vous engage
        A célebrer de ſi beaux nœuds;
    Que vos plaiſirs ſoient vôtre hommage,
Le Sort ne les unit que pour vous rendre heureux.

Troupe de differents Peuples qui viennent rendre
hommage au CARNAVAL. Ils prennent de fa main
des Mafques, & de celle de LA FOLIE des Marottes;
& reviennent mafquez fe placer fur des gradins..

CHOEUR.

Raffemblons-nous, danfons, folatrons, chantons tous.
Célébrons par nos chants une chaîne fi belle ;
Que leur flâme foit éternelle ;
Ah ! quel bonheur & pour eux & pour nous !

JUPITER. au CARNAVAL.

Exerce à l'avenir un pouvoir glorieux ,
Vien recevoir les dons des Dieux.

à MOMUS.

Toy, prend part à nos Jeux, je te permets de rire ,
Mais fois moins Téméraire & contrain-toy pour nous.

MOMUS.

La Fefte & leur Himen font fi dignes de vous ;
Le moyen d'en médire.

MOMUS fait approcher le CARNAVAL.

Viva, viva, fempre viva ,
Il Dio d'ell'allegria.

Deux Mataffins apportent une Robe couverte de Mafques. On
la met au Carnaval, tandis que Jupiter & Venus chantent.

JUPITER & VENUS.

Sù, fù, pigliate
Quella divina vefte,
Quando è come vi piacera,
Ogni volto fi cangiera.

BALLET.
CHOEUR.

Viva, viva, sempre viva,
Il Dio d'ell'allegria.

*BACHUS donnant au Carnaval une coëffure
de Pampre & de Lierre.*

Ti corona il pampino,
Sarai sempre Dio dél vino.

CHOEUR.

Viva, viva, sempre viva,
Il Dio d'ell'allegria.

*MERCURE donne au Carnaval un Sceptre d'or,
terminé d'un Momon.*

Quel scettro che ti do
Ti fa il Re del Joco.

LA FOLIE & LE CHOEUR.

Viva, viva, sempre viva,
Il Dio d'ell'allegria.

On Danse.

LE CARNAVAL.

*Folatrez, folatrez, rien ne doit vous contraindre,
La charmante Folie est toûjours de saison :
Qui perd une fois la raison,
N'a plus que son retour à craindre.*

LA FOLIE & LE CHOEUR.

*Tendres Haut-bois, douces Musettes,
Par vos sons amoureux célébrez ce grand jour :
Battez Tambours, sonnez Trompettes,
Mars me doit son hommage aussi bien que l'Amour.*

Fin du quatriéme & dernier Acte.

PRIVILEGE GENERAL.

LOUIS PAR LA GRACE DE DIEU, ROY DE FRANCE ET DE NAVARRE, à nos amez & feaux Conseillers, les Gens tenant nos Cours de Parlement, Maîtres des Requêtes ordinaires de nôtre Hôtel, Grand Conseil, Prévôt de Paris, Baillifs, Senêchaux, leurs Lieutenans Civils, & à tous autres nos Justiciers qu'il appartiendra ; SALUT : Nôtre bien amé le Sieur JEAN NICOLAS DE FRANCINI, l'un de nos Conseillers, Maître d'Hôtel ordinaire, interessé conjointement avec le Sieur HYACINTHE DE GAUREAULT Sieur DE DUMONT, l'un de nos Ecuyers ordinaires, & de nôtre tres-cher & bien amé Fils le Dauphin, au Privilège que nous leur avons accordé, pour l'Académie Royale de Musique, par nos Lettres Patentes du 30. Decembre 1698. Nous ayant fait remontrer qu'il desiroit donner au Public un RECUEIL GENERAL DES OPERA, REPRESENTEZ PAR L'ACADEMIE ROYALE DE MUSIQUE, DEPUIS SON ETABLISSEMENT, ET QUI SERONT REPRESENTEZ CY-APRE'S, s'il nous plaisoit luy accorder nos Lettres de Privilege sur ce necessaires, attendu les grandes dépenses qu'il convient faire, tant pour l'Impression que pour la Gravure en Taille-douce des Planches dont ce Livre sera orné. Nous avons permis & permettons par ces presentes audit Sr DE FRANCINI, de faire imprimer ledit RECUEIL par tel Imprimeur, & en telle forme, marge, caractere que bon luy semblera, en un ou plusieurs Volumes, conjointement ou separément, & de le faire vendre & distribuer dans tout nôtre Royaume, pendant le temps de six années consecutives, à compter du jour de la datte des présentes. FAISONS DEFENSES à tous Imprimeurs, Libraires, & à tous autres de quelque qualité & condition qu'ils puissent être, de contrefaire ledit RECUEIL en tout, ni en partie, ni même les Planches & Figures qui l'accompagnent, & d'en faire venir ni vendre d'impression étrangere, sans le consentement par écrit de l'Exposant, ou de ceux à qui il aura transporté son Droit, à peine de trois mille livres d'amende contre chacun des contrevenans ; dont un tiers à l'Hôtel-Dieu de Paris, un tiers à l'Exposant, & l'autre au Dénonciateur, de confiscation des Exemplaires contrefaits, que nous voulons être saisies par tout où ils se trouveront, & de tous dépens, dommages & interests : à la charge que ces présentes seront registrées és Registres de la Communauté des Imprimeurs & Libraires de Paris, que l'impression desdits Opera, sera faite dans nôtre Royaume, & non ailleurs, & ce en bon Papier & en beau Caractere conformement aux Reglements de la Librairie, & qu'avant que de l'exposer en vente, il en sera mis deux Exemplaires dans nôtre Bibliotheque publique, un dans le Cabinet des Livres de nôtre Château du Louvre, & un dans celle de nôtre tres-cher & feal Chevalier Chancellier de France le Sieur Phelypeaux, Comte de Pontchartrain, Commandeur de nos Ordres, le tout à peine de nullité des présentes : du contenu desquelles, nous vous mandons & enjoignons de faire joüir l'Exposant, ou ses ayants cause pleinement & paisiblement, sans souffrir qu'il leur soit fait aucun trouble ou empêchement. Voulons que la copie de ces présentes, qui sera imprimée, dans edit Livre, soit tenuë pour bien & düement signifiée, & qu'aux copies collationnées, par l'un de nos amez & feaux Conseillers Secretaires, foy soit ajoutée comme à l'Original. COMMANDONS au premier nôtre Huissier ou Sergent sur ce requis, de faire pour l'execution des présentes, tous Actes requis & necessaires, sans demander autre permission, nonobstant Clameur de Haro, Charte Normande, & Lettres à ce contraires : CAR tel est nôtre plaisir. DONNÉ à Versailles le cinquieme jour de Juin, l'An de grace 1703. Et de nôtre Regne, le soixante-uniéme. Par le ROY, en son Conseil. Signé, LE COMTE, avec Paraphe, & scellé.

Ledit Sieur DE FRANCINI a fourny le present Privilege à *Christophe Ballard*, seul Imprimeur du Roy pour la Musique, pour en joüir en son lieu & place, suivant leurs conventions.

Registré sur le Livre de la Communauté des *Imprimeurs & Libraires*, *conformément aux Reglements*, *A Paris le 14. juin 1703.* Signé TRABOUILLET, Syndic.